Meine ersten 270 Wörter auf

FRÄNKISCH

Mit Zeichnungen von Johannes Kolz

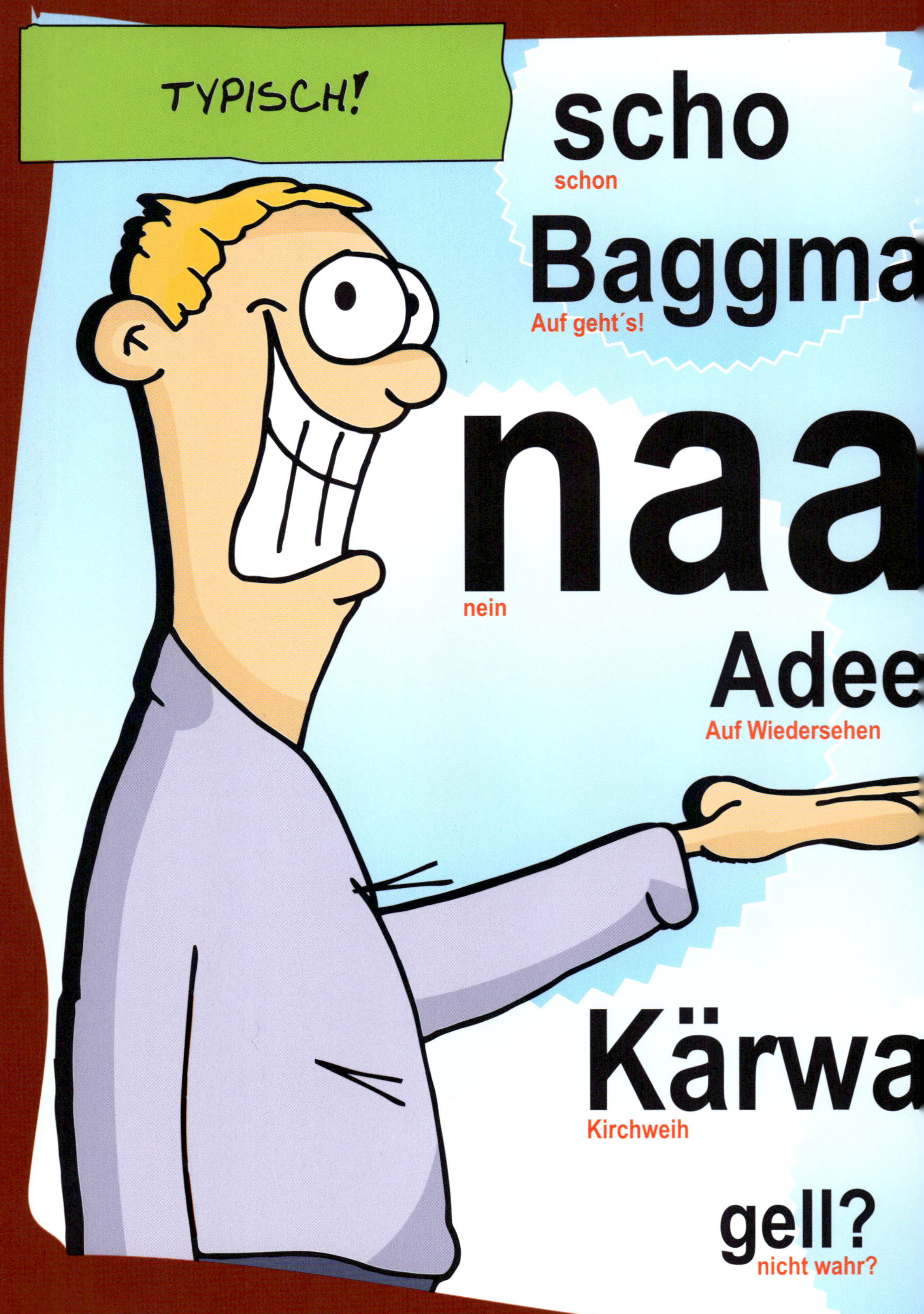
TYPISCH!
scho
schon
Baggma
Auf geht´s!
naa
nein
Adee
Auf Wiedersehen
Kärwa
Kirchweih
gell?
nicht wahr?

Der Glubb

.FCN

Bambärch

Bamberg

fei

Universalfüllwort: wirklich, aber

Allmächd!

Allmächtiger!

Bassd scho!

Perfekt!

aweng

ein wenig

Nämberch

Nürnberg

ned

Fädd

Fürth

ESSBARES

Ablbuzzn
Kerngehäuse des Apf[els]

Koung
Kuchen

Broudwos[cht]
Bratwurst

Seidla
Bier, halber Liter

Drei in am Weggla
Drei Nürnberger Bratwürste
im Brötchen

Gelbe
Pfiffer[linge]

Gniedla/Glees
Klöße

Giigela
Brathähnchen

Bodaggn/Erbf[...]
Kartoffeln

Bröggerla
geröstete
Brotwürfel

Veschbe
Brotzeit

Baggers
Reibekuchen

Bäiderla
Petersilie

Bressagg
Kochwurst im Schweinemagen

Schdobfer
Kartoffelpüree

Kullerohm
Kohlrabi

Schäufele
Kultgericht: Schweineschulter

Naacherla
Rest im Glas

Baggschdaakäs
Limburger Käse

Budde
Butter

Fleischkäichla
Frikadelle

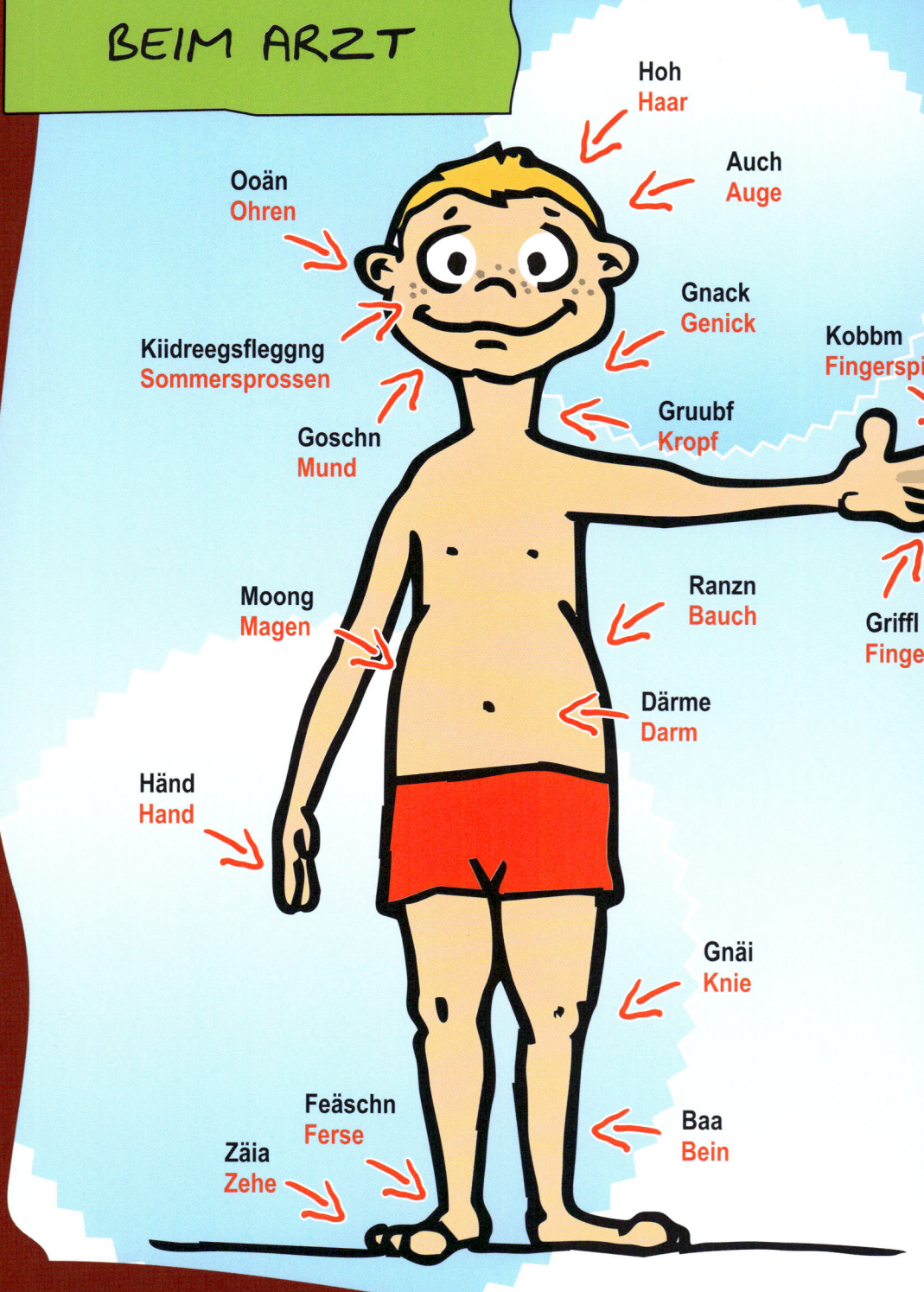

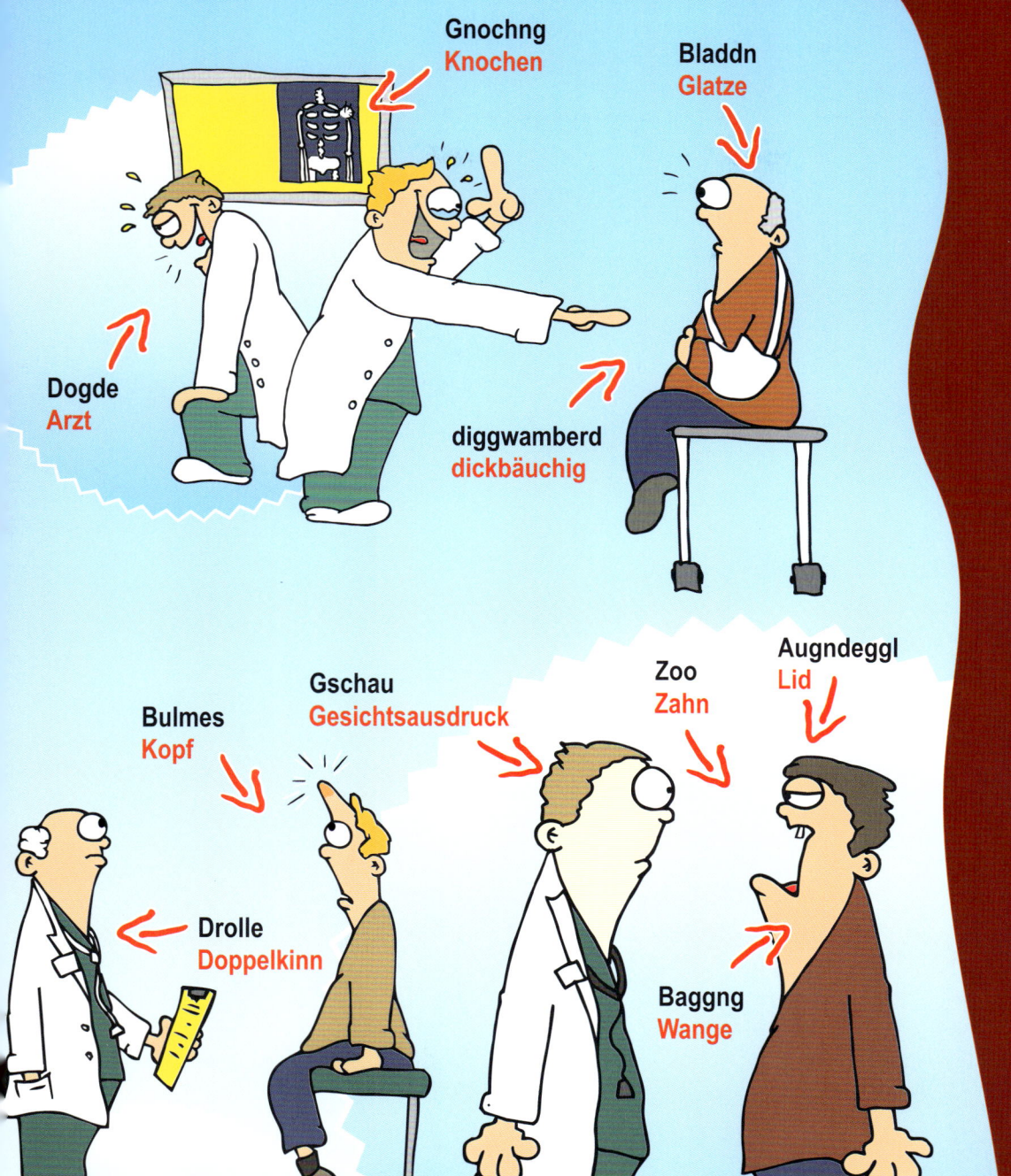

riin
duft

färchdn
fürchten

bläidln
blödeln

eikaafm
einkaufen

schiggng
beeilen

groom
graben

gniidschn
drücken

zäing
ziehen

EINIGE WÖRTER

aafbumbm - sich aufregen
Aame - Eimer
Äberd - Arbeit
Ablbuzzn - Kerngehäuse des Apfels
Abodd - Toilette
achln - essen
Adee - Auf Wiedersehen
Alde - Ehefrau
Alder - Ehemann
Allmächd! - Allmächtiger!
Auch - Auge
Augndeggl - Lid
aweng - ein wenig

Baa - Bein
Babbadeggl - Karton
Baderr - Erdgeschoss
Baggers - Reibekuchen
Baggmas! - Auf geht´s!
baggng - backen
baggng - greifen
Baggng - Wange
Baggschdaakäs - Limburger Käse
Bäiderla - Petersilie
Bambärch - Bamberg
Bämber - Kater
Bassd scho! - Perfekt!
Biggsn - Dose
Biggsnfuddä - Konserven
Bimberlaswichdich - kleiner Gernegroß
bindn - binden
Bissgurgn - biestige Frau

Bladdn - Glatze
Bläidl - Blödmann
bläidln - blödeln
Blembl - Gesöff
Blumma - Blumen
Bodaggn - Kartoffeln
Bodmonnee - Geldbörse
bodn - baden
Booder - Friseur
Bou - Junge
Bressagg - Kochwurst im
    Schweinemagen
Bridschn - leichtes Mädchen
Brilln - Brille
broddsln - nörgeln
Bröggerla - geröstete Brotwürfel
Broudwoschd - Bratwurst
Bschdegg - Besteck
Budde - Butter
buddsn - putzen
Bulmes - Kopf
Buudn - Dachboden
Buug - Bock

Daabedödl - Depp
Daach - Teig
Dabbm - Pantoffeln
Därme - Darm
Deifl - Teufel
Deller - Teller
derneem - daneben
derwischn - erwischen

diggwamberd - dickbäuchig
Dogde - Arzt
Dooch - Dach
Doschd - Durst
dou - da
draadschn - tratschen
Drei in am Weggla - Drei Nürnberger
  Bratwürste im Brötchen
Drolle - Doppelkinn
drong - tragen
Druudschn - trantütige Frau
Düüdn - Tüte

edz - jetzt
Eggng - Ecke
eikaafm - einkaufen
Erbfl - Kartoffeln

Fädd - Fürth
Fadsaläddla - Taschentuch
färchdn - fürchten
Feäschn - Ferse
fechdn - betteln
fei - Universalfüllwort: wirklich, aber
Feie - Feuer
Fensde - Fenster
Fensdebreddla - Fenstersims
Fenseech - Fernseher
Fleischkäichla - Frikadelle
fliing - fliegen
fohn - fahren
Foodn - Faden

fräisn - frieren
freia - freuen

Gaddn - Garten
Gaggerla - Ei
gämmer - gehen wir
Gelberla - Pfifferling
gell? - nicht wahr?
Giigela - Brathähnchen
Glees - Klöße
Gloos - Glas
Glubb - 1. FCN
Glufd - Kleidung
Glumb - Krempel
Gmaadebb - Dorftrottel
Gnack - Genick
Gnäi - Knie
gnäschich - wählerisch
Gniedla - Klöße
gniidschn - drücken
Gnochng - Knochen
Gnuubf - Knopf
Goaß - Geiß
Goschn - Mund
greina - weinen
Griffl - Finger
Grischberla - kleine, schwache Person
groodoh schmeggn - fade schmecken
groom - graben
Gruubf - Kropf
Gschärr - Geschirr
Gschau - Gesichtsausdruck

g´scheid - klug
Gwärch - Durcheinander

haggln - streiten
Haisla - Haus
Händ - Hand
heeän - hören
Heichdl - Dummkopf
Hemmed - Hemd
Henna - Henne
Hiisla - Höschen
Hoh - Haar
hom - haben
Hömmerleuder - unordentlicher
  Mensch
horng - horchen
houd - hat
Huusn - Hose

Jobbm - Jacke

Kabbm - Mütze
Kärwa - Kirchweih
käskisdlerd - zu blass gebacken
Kichng - Küche
Kiidreegsfleggng - Sommersprossen
Kobbm - Fingerspitze
Koung - Kuchen
Kullerohm - Kohlrabi
Kumbl - Freund
Kupf - Kopf
Kurvm - Kurve

Lackaff - eingebildeter Mensch
laggiän - betrügen
Laid - Leute
laina - auftauen
läing - lügen
liing - liegen

Maadla - Mädchen
mäin - müssen
Mamaladnaamala - Marmeladen-
  töpfchen
Meichela - Kopftuch
Monduuä - Anzug
Moong - Magen
Moosbüffl - Oberpfälzer
Mumbfl - mundfauler Mensch

naa - nein
Naacherla - Rest im Glas
Nachdgiecher - zieht nachts
  um die Häuser
Nämberch - Nürnberg
ned - nicht
neema - nehmen
neidabbn - hineintreten
Neigschmeggder - Zugereister
nu - noch

ohbandln - flirten
Ooän - Ohren

quaungsn - quengeln

Raadschkaddl - geschwätzige Frau
raffm - raufen
Ranzn - Bauch
ribbln - reiben
riidn - reden
riing - duften
Ruug - Rock

Schabraggn - alte Schachtel
schäim - schieben
Schamöhr - charmanter Mann
Schässlong - Sofa
schaua - sehen
Schäufele - Kultgericht:
   Schweineschulter
Schäzn - Schürze
schbeia - übergeben
schbozzn - spucken
Schdeggn - Stecken
schdilln - stehlen
Schdobfer - Kartoffelpüree
Schdrouh - Stroh
schiggng - beeilen
Schiggsn - aufgetakelte Frau
Schnalln - Prostituierte
Schneggerla - hübsche Frau
Schnörrn - vorwitziges Mädchen
scho - schon
Schou - Schuh
Schreggschraum - zänkische, alte Frau
Seidla - Bier, halber Liter
Seier - Rausch

soong - sagen
Subbm - Suppe
Suggerla - Ferkel

Uä - Uhr

verscherbln - verkaufen
veruuzn - verspotten
Veschbe - Brotzeit

wabblerd - wabbelig
Wädd - Wirt
Waggerla - kleines Kind
Weggla - Brötchen
widder - wieder
wöi - wie

Zäia - Zehe
zäing - ziehen
zohln - zahlen
Zoo - Zahn
Zoudegg - Bettdecke

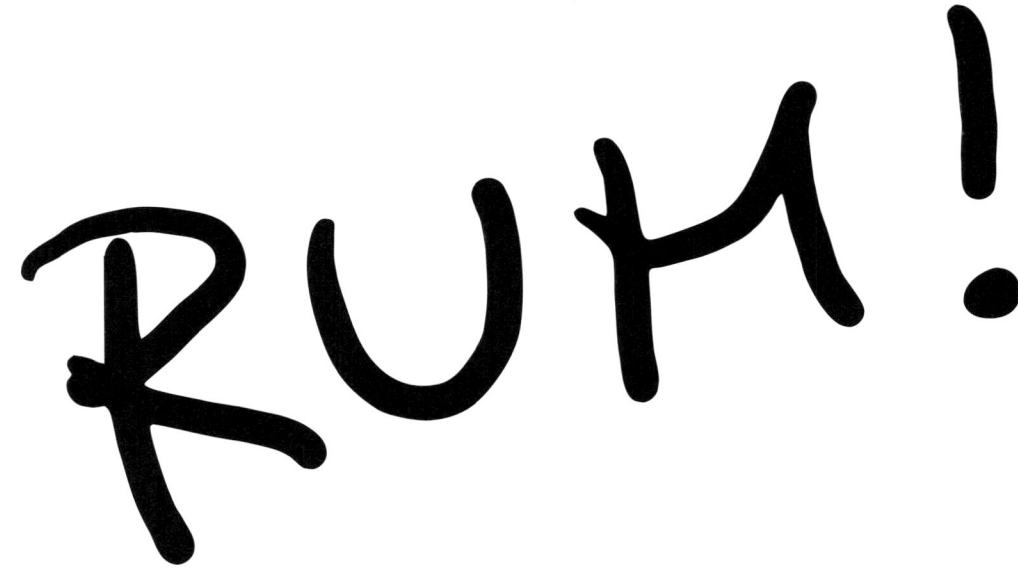

RUM!

MIX
Papier | Fördert
gute Waldnutzung
FSC® C010328

FSC
www.fsc.org

Penguin Random House Verlagsgruppe
FSC® N001967

Die Deutsche Nationalbibliothek verzeichnet diese Publikation in
der Deutschen Nationalbibliografie; detaillierte bibliografische
Daten sind im Internet unter http://dnb.d-nb.de abrufbar.

© Illustration: Johannes Kolz
Umschlaggestaltung: Obacht GmbH, Trier
Satz: alles-trier.de
Druck und Bindung: Alföldi Nyomda Zrt., Debrecen
Printed in Hungary

ISBN 978-3-7306-0389-5

www.anacondaverlag.de